FINISHING LINE PRESS

www.finishinglinepress.com

New to Guayama
Nuevos en Guayama

poems by

David G. Lott

Finishing Line Press
Georgetown, Kentucky

New to Guayama
Nuevos en Guayama

ACKNOWLEDGMENTS

One piece in this set has been published prior, the poem *Carambola*, which
appeared on the Gival Press website as part of a "Featured Poet" page in 2009 at
the following URL: http://givalpress.com/index.cfm?rsn=399&mn=Authors

Un poema de esta colección, *Carambola*, apareció en la página web de Gival Press
en la página "Poeta destacado" en 2009, y puede ser encontrado en:
http://givalpress.com/index.cfm?rsn=399&mn=Authors

Publisher: Leah Maines

Editor: Christen Kincaid

Cover Art: Sara Cartmill

Cover Design: Elizabeth Maines McCleavy

Printed in the USA on acid-free paper.
Order online: www.finishinglinepress.com
            also available on amazon.com

Author inquiries and mail orders:
Finishing Line Press
P. O. Box 1626
Georgetown, Kentucky 40324
U. S. A.

Table of Contents

For Sara, Izzy, and Charlie

And for Gustavo, June, and Rafi Trombón

Preface

My wife and I and our five-year-old twins lived in the southeastern Puerto Rican town of Guayama while I was on sabbatical from Montgomery College, Maryland for the spring term of 2004. Years prior to that, in the 1980's, my wife and I had lived and taught in Spain, and now we wanted to enjoy the experience of living in a predominantly Spanish-speaking culture again for a while and to spend some time away from the busy urban life to which we had grown accustomed in the mid-Atlantic region of the mainland U.S.

While on the island, I worked on drafts of one or two poems a week, all concerning, in one way or another, the process of getting used to small-town Puerto Rican life. (Granted, with a population of about 45,000, Guayama did not qualify as a *pueblito* by Puerto Rican standards, but to us it certainly had the feel of a small town.) The collection here represents the best of these efforts.

In particular, I have attempted to convey in these poems some of the differences that struck me between the life we had come to know best and this new one, including contrasts regarding climate, flora and fauna, pace and simplicity, sports, technology, friendship, music, and language, among others. If, as the poet and playwright Christopher Fry once remarked, "Poetry is the language in which man explores his own amazement," these offerings might be considered preliminary explorations into one person's routine amazements—in a place with no shortage of them.

David G. Lott
Silver Spring, Maryland
February, 2017

Prefacio

Mi esposa, mis mellizos de cinco años y yo vivimos en el pueblo de Guayama, en el sureste de Puerto Rico durante la primavera del 2004, mientras yo estaba de sabático en Montgomery College, Maryland. Varios años antes, en los 80, mi esposa y yo vivimos y dimos clases en España, y ahora queríamos experimentar una vez más la vida en una cultura hispanohablante, y a la vez alejarnos por un tiempo de la vida urbana a la que nos habíamos acostumbrado en la región continental de los Estados Unidos.

Durante mi estadía en la isla, trabajé en los borradores de uno o dos poemas por semana, todos relacionados, de una forma u otra, con el proceso de adaptación a la vida puertorriqueña en un pueblo pequeño. (Es verdad que, con una población de alrededor de 45.000 personas, Guayama no puede considerarse un *pueblito* para los estándares puertorriqueños, pero para nosotros se sentía como un pueblo pequeño.) Esta colección representa lo mejor de esos esfuerzos creativos.

En particular, he intentado representar en estos poemas algunas de las diferencias que me sorprendieron entre mi vida anterior y esta nueva vida, incluyendo contrastes de clima, flora y fauna, ritmo de vida y simplicidad, deportes, tecnología, amistad, música y lenguaje, entre otros. Si, como el poeta y dramaturgo Christopher Fry expresó una vez, "la poesía es el lenguaje en que el hombre explora su propia sorpresa," estos poemas pueden considerarse como exploraciones preliminares de las sorpresas rutinarias de una persona—en un lugar en el que ciertamente no faltaban.

David G. Lott
Silver Spring, Maryland
Febrero de 2017

Translator's Note

Every translation implies a recreation. It is a great challenge to translate poetry, and in the case of this book, being poems about a bilingual experience, the difficulties are even greater. Since the book is being published in the United States, I have tried to find a somewhat neutral Spanish (if that is possible), reflecting some Puerto Rican vocabulary, but without being too regional. My gratitude to David for his confidence and for giving me considerable freedom in translating; I also want to thank the careful reading and suggestions given by my friends María Amores Aguera and Adlin de Jesús Prieto Rodríguez.

Ángel T. Tuninetti
Morgantown, West Virginia
April 2017

Nota del traductor

Toda traducción implica una recreación. Traducir poesía representa un gran desafío, y en el caso de este libro, al tratarse de poemas sobre una experiencia bilingüe, el reto fue aún mayor. Dado que el libro se publica en Estados Unidos, he tratado de encontrar un español más o menos neutro (si eso es posible), que refleje cierto vocabulario puertorriqueño, pero sin caer en el regionalismo. Agradezco la confianza que David ha depositado en mí al darme una gran libertad para la traducción, y también agradezco la lectura atenta y las sugerencias de mis amigas María Amores Aguera y Adlin de Jesús Prieto Rodríguez.

Ángel T. Tuninetti
Morgantown, West Virginia
Abril 2017

Guayama, Puerto Rico
January-May 2004
enero-mayo 2004

You've Come Down

you've come down

from the mainland

to immerse yourselves

in something new

a different sort of life

a colorful, tropical, vibrant one

where you're the outsiders

observing and learning from

the unfamiliar

like novice snorkelers

you're a bit in over your heads

adapting to a new pace

an invisible pressure

trying to steer clear

of hazards unknown

along the rough and prickly reef

of another culture

becoming acquainted

with a different way to see

and to speak

and to breathe

Han llegado

han llegado

de tierra firme

para sumergirse

en algo nuevo

una vida diferente

colorida, tropical, vibrante

donde ustedes son los extranjeros

observando y aprendiendo

lo extraño

como aprendices de buzos

adaptándose al nuevo ritmo

a una presión invisible

tratando de apartarse

de peligros desconocidos

del arrecife rugoso y áspero

de otra cultura

familiarizándose

con una manera diferente de ver

y de hablar

y de respirar

You Make Your Two Children Up

you make your two children up

every over-bright morning

sun-screening

palming their fresh faces

with slippery sculptor's hands

drawing from the sun's creative rays

even as you seek to defy them

Tú esculpes a tus dos hijos

tú esculpes a tus dos hijos

cada mañana deslumbrante

crema solar

palmeando sus caras frescas

con manos resbaladizas de escultor

inspirándote en los rayos creativos del sol

aun cuando quieres desafiarlos

It's Unsettling

it's unsettling

to see

yet another little lizard

pop up from a narrow crack

in the living room floor

and point his prehistoric head

in the direction

of your sleeping wife and kids

as if he and his skinny brethren

have finally figured out

that if they band together

they might fashion

a mini *Jurassic Park*

insurrection

so you sit serenely still

like Cortázar's axolotl

hoping he will think

you and he are one

Es perturbador

es perturbador

ver

otro lagarto más

surgir de una grieta angosta

en el piso de la sala

y apuntar su prehistórica cabeza

en la dirección

de tu esposa y tus hijos durmientes

como si él y su escuálida casta

finalmente se hubieran dado cuenta

que si se unen

pueden armar

una minúscula insurrección

tipo *Parque Jurásico*

entonces te sientas serenamente estático

como el axolotl de Cortázar

esperando que él piense

que tú y él son uno

The Native Grapefruit

the native grapefruit

la toronja

is never seedless here

her woody children

are always on hand

and running down the hand

even of the pencil-pushing poet

who would honor her

she prefers to gush

her own praises

and gag the impostor's

second-hand accounts

El cítrico nativo

el cítrico nativo

la toronja

aquí siempre tiene semillas

sus hijas leñosas

están siempre a mano

y bajando por la mano

del poeta aficionado

que quiere honrarla

ella prefiere rezumar

sus propios elogios

y enmudecer los fastos de segunda mano

del impostor

Baseball

baseball

your national pastime

is a different game here

with the Guayama team

Los Brujos (the warlocks? the witches?)

supported not just by loud fans

who know the players

as family, friends, neighbors

but also by a six-piece salsa band

up in the stands

keeping the rhythm

to which a tall young guy dressed as a witch

dances and sings

and leads the cheers

and occasionally taunts

the opponent's fans

who are led in one case

by a guy dressed up as a horse

for sheer entertainment

it sends the majors

down to the minors

Béisbol

béisbol

tu deporte nacional

es un deporte diferente aquí

con el equipo de Guayama

Los Brujos (¿los brujos? ¿los hechiceros?)

apoyados no solo por sus ruidosos aficionados

que conocen a los jugadores

porque son familia, amigos, vecinos

sino también por una banda de salsa de seis

arriba en las gradas

manteniendo el ritmo

al cual un flaco alto disfrazado de brujo

baila y canta

y lidera las pullas

y ocasionalmente los insultos

a los aficionados de la oposición

que en un caso son liderados

por un tipo disfrazado de caballo

si se trata de entretenimiento

esto desplaza las ligas mayores

a las menores

What Must the Barber Be Thinking?

what must the barber be thinking

as he shaves your Anglo neck

that hasn't seen sunlight

in over a month?

is it actually pale wax under there?

or is el norteamericano kin to that chubby guy from the cookie ads

the boy made out of dough?

or has he been going out only after dark

night after night

to give his lily-white epidermis

the rich bright glow of the moon?

has a town known for its brujos

finally found...its Dracula?

but the razor stays on the surface

mere metal in the machine of the shop

where you're just another

in a line of guys

getting a shave and a haircut

¿Qué pensará el barbero?

¿qué pensará el barbero

mientras afeita tu cuello anglo

que no ha visto la luz del sol

en más de un mes?

¿es realmente pálida cera lo que hay aquí abajo?

¿o es el norteamericano pariente del gordito del anuncio de galletas

el chico hecho de masa?

¿o ha estado saliendo solo en la oscuridad

noche tras noche

para darle a su blancuzca epidermis

el rico resplandor brillante de la luna?

¿ha encontrado este pueblo de brujos

finalmente...su Drácula?

pero la navaja se queda en la superficie

un metal más de la máquina de la fábrica

donde solo eres uno más

en una hilera de hombres

esperando una afeitada y un corte de pelo

The Corner *Panadería*

the corner *panadería*

serves up sweet exoticisms

in name as well as taste

like the pastry called

brazo gitano zanahoria

(carrot gypsy arm?)

and the soft drink

Kola Champagne India

(the champagne of colas? and from India?)

both of them rare sightings

of the compound oxymoron

but then why shouldn't such sweetness

be a found poem

when any found poem

is itself a sort of sweet?

La panadería de la esquina

la panadería de la esquina

sirve un dulce exotismo

en nombres y en sabores

como el pastel llamado

brazo gitano zanahoria

(¿tienen los gitanos brazos de zanahoria?)

y la soda

Kola Champagne India

(¿el champán de las colas? ¿y de la India?)

los dos son visiones extrañas

de complejos oxímoron

¿pero por qué esta dulzura no puede

ser encontrada en un poema

si cualquier poema encontrado

es en sí algo dulce?

You're Told Most Houses Now

you're told most houses now

are built entirely of cement

to get through the hurricane season

but you suspect

it's also to withstand

the thunderous machismo

of young drivers

whose ear-splitting stereos

routinely set off the alarms

of cars parked in your neighborhood

transforming themselves

into astronauts at lift-off

not to mention

the lift-off of their cars' roofs

the lift-off of the roofs of their own mouths

the sudden lift-off of your head from the pillow

in the dead of night

Te han dicho que la mayoría de las casas ahora

te han dicho que la mayoría de las casas ahora

están construídas enteramente de cemento

para soportar la temporada de huracanes

pero sospechas

que es también para tolerar

el machismo tronante

de los jóvenes conductores

que con sus estéreos atronadores

activan las alarmas

de los carros aparcados en el barrio

transformándose

en astronautas durante el despegue

y eso sin mencionar

el despegue de los techos de sus autos

el despegue de los techos de sus bocas

el despegue repentino de tu cabeza desde la almohada

en medio de la noche

Rex Cream

Rex Cream

the ice cream store in town

savages

Tyrannosaurus-like

your dietary self-discipline

rendering you the central figure

of your own

weight-gain mini-tragedy

yet no dire warnings

from a blind prophet

or anyone else

can keep you

from being wooed

by the mother's milk

of the passion fruit *batida*

Rex Cream

Rex Cream

la heladería del pueblo

destruye

como un tiranosaurio

tu disciplina dietética

y te convierte en el personaje principal

de tu propia

mini tragedia del aumento de peso

pero no hay advertencia

de un profeta ciego

o de nadie más

que pueda prevenirte

de ser cautivado

por la leche materna

de una batida de parcha

To Those Who Haven't Met You

to those who haven't met you

shopkeepers, neighbors, baseball aficionados, postal workers

you are usually

caballero

señor

papá

and from older women, a perfunctory

mi amor or *mi vida*

and even one time

mi jamón

but also you sometimes get

Americano

and once in a great while

gringo or *gringuito*

and once in a not-so-pleasant tone

vikingo

you appreciate the variety

and you marvel

at all the new people you are down here

Para los que no te han conocido

para los que no te han conocido

tenderos, vecinos, aficionados al béisbol, carteros

tú habitualmente eres

caballero

señor

papá

y para una mujer mayor, un rutinario

mi amor o *mi vida*

e incluso una vez

mi jamón

pero a veces también te toca

americano

y muy de vez en cuando

gringo o *gringuito*

y una vez en un tono no tan placentero

vikingo

tú aprecias la variedad

y te maravillas

de todas las personas que estas aquí

If the Puerto Rican Phone Company

if the Puerto Rican phone company

were a playwright

it would surely be

Samuel Beckett

forever teasing

with the promise

of the appearance

of its Godot

the elusive land line

one day

after you finally get through

by cellphone

they claim *coming at 9 a.m.*

then that's revised

to *someday next week*

but it's definitely starting to feel

like *probably never*

the beep of their busy signal

is as predictable

as the call of the *coquí*

Si la compañía de teléfonos de Puerto Rico

si la compañía de teléfonos de Puerto Rico

fuese un dramaturgo

sería seguramente

Samuel Beckett

siempre tentándote

con la promesa

de la aparición

de su Godot

la esquiva línea fija

un día

cuando finalmente te comunicas

por celular

te dirán *llegamos a las nueve*

que luego se corrige

con *la semana que viene*

pero definitivamente empiezas a sentir

que *probablemente nunca*

el pitido de la señal de ocupado

es tan predecible

como el canto del coquí

The Smallest of the Sparrows

the smallest of the sparrows

flies into the living room

most mornings

around eight

peeks around the rug a bit

does a few hops on the sofa

or under it

always looking looking

for another useful strand

if only poems entered

with such regularity

purpose

and daring

El más pequeño de los gorriones

el más pequeño de los gorriones

vuela dentro de la sala

la mayoría de las mañanas

a eso de las ocho

picotea un poco los flecos de la alfombra

da unos pocos saltos en el sofá

o debajo de él

siempre buscando buscando

otra hebra útil

oh si los poemas entraran

con tanta regularidad

propósito

y decisión

The Radio's One Classical Station

the radio's one classical station

remains firmly reliable

at any hour

unwavering in the living room

like the sturdy *guayacan* tree

in a hurricane of permeability:

the roof leaks

birds fly in

little lizards frequently appear

ants have the run of the place

the sun intrudes at will

yet the well-heeled Haydn

stands his European ground on the dial

soloing out a high-pitched string

the mosquito in your ear

can only approximate

La única emisora clásica de la radio

la única emisora clásica de la radio

permanece firmemente confiable

a toda hora

sin descanso en la sala

como un sólido guayacán

en un huracán de permeabilidad:

el techo gotea

los pájaros entran

pequeños lagartos se asoman todo el tiempo

las hormigas se sienten como en su casa

el sol se mete a su placer

pero un firme Haydn

resiste en su territorio europeo del dial

desgrana solos agudos de cuerdas

que el mosquito en tu oreja

solo puede imitar

Carambola

the haiku master Basho

named himself

after the word

for banana tree—

it's true

but if he had seen

the starfruit tree

in this Guayaman courtyard

we might know him today

as *Carambola*

as every star is a sun in potential

every ripe starfruit

is a sun in miniature

and each *carambola* tree

a little daytime

constellation

Carambola

Basho, el maestro de los haiku

eligió como nombre

la palabra

banano

esto es verdad

pero si hubiera visto

el árbol de carambolas

en el patio guayamés

lo conoceríamos hoy

como *Carambola*

si cada estrella es un sol en potencia

cada carambola madura

es un sol en miniatura

y cada árbol

una pequeña constelación

diurna

June

June, the elderly dad of the *dueña*

stops by

with his optimistic pronouncements:

They're coming over to put in screens in the living room!

nobody shows

They're going to spray the beehive just outside the bathroom!

nobody sprays

They'll be fixing the little hole in the roof in the bedroom!

it still leaks

June says all this

with a charming self-certainty

while at the same time taking a *machete*

to the plantains growing in the courtyard

stocking up for the week

showing you

without saying so

how to fend for yourself here

how to take what the climate gives you

how to deal in a place

where it's pretty much always

June

Junio

Junio, el anciano padre de la dueña

pasa

con sus dictámenes optimistas:

¡Vienen a instalar los mosquiteros en la sala!

no aparece nadie

¡Van a fumigar el enjambre fuera del baño!

nadie fumiga

¡Van a arreglar la gotera en el techo del dormitorio!

todavía gotea

Junio dice todo esto

con una certeza encantadora

mientras descarga su machete

en los bananos que crecen en el patio

aprovisionándose para la semana

mostrándote

sin decirlo

cómo valerte por tí mismo

cómo tomar lo que te da el clima

cómo lidiar con un lugar

donde casi siempre

es junio

The Computer Repairman

the computer repairman

all the way from the big city

is so gregarious

forthcoming

inviting you and your family

within twenty minutes of chatting with you

to his family's apartment

in Old San Juan

for a lively party

to last the whole weekend

yet when he leaves

the laptop returns

in just a few minutes

to being uninvitingly

inaudible

El técnico de computadoras

el técnico de computadoras

que vino desde la gran ciudad

es tan sociable

abierto

invitándote a tí y tu familia

a los veinte minutos de conocerte

al apartamento de su familia

en el Viejo San Juan

a una animada fiesta

que durará todo el fin de semana

pero apenas él se va

la computadora vuelve

en tan solo unos minutos

a ser inhóspita

inaudible

Relying on Your Non-Guayaman Spanish

relying on your non-Guayaman Spanish

you call

what looks like a banana

a *plátano*

but no

according to an elderly woman

at the fruit stand

plátanos are much bigger

these are instead *guineos*

not to be confused

with the smaller *dáctiles*

or the whitish *manzanos*

then she peels a ripe *manzano*

for you to try

and you learn

that a banana

by any other name

would not, in fact,

taste as sweet

Confiando en tu español no-guayamés

confiando en tu español no-guayamés

llamas

a lo que parece una banana

plátano

pero no

según la anciana

en el puesto de frutas

los plátanos son más grandes

estos son *guineos*

que no hay que confundir

con los *dáctiles* que son más pequeños

ni con los *manzanos* que son blancuzcos

y entonces pela un *manzano* maduro

para que pruebes

y descubres

que una banana

con otro nombre

no sabe, en realidad,

tan dulce

One Day It Rains

one day it rains

not the usual

all-at-once tropical sky-letting

followed soon by sun

and maybe a rainbow

or a double rainbow

but instead a nearly all-day

steady, unremarkable

gray, low-volume

rain

like the kind you know best from home

and to your surprise

it stirs you to walk all over town

umbrella-less, refreshed

free, nostalgic

every bland raindrop

a liquid shred of ticker-tape

a token of celebration

for the temporary unseating

of the island's true governor

Un día llueve

un día llueve

no lo habitual

el diluvio tropical repentino

seguido enseguida por el sol

y quizá un arco iris

simple o doble

pero en cambio todo el día

persistente, indefinida

gris, ligera

lluvia

como la que conoces en casa

y sorpresivamente

te lleva a vagar por el pueblo

sin paraguas, refrescado

libre, nostálgico

cada gota blanda

fragmentos líquidos de un mensaje

una muestra de celebración

por el desplazamiento temporario

del verdadero gobernador de la isla

Some Townspeople Suspect You

some townspeople suspect you:

you with the government?

the military?

FEMA?

the FBI?

why Puerto Rico?

why this town?

coquí-like

you plead

you plead

your innocence

Alguna gente del pueblo sospecha de ti

alguna gente del pueblo sospecha de ti:

¿un espía del gobierno?

¿del ejército?

¿emergencia federal?

¿el FBI?

¿por qué Puerto Rico?

¿por qué este pueblo?

como el coquí

alegas

alegas

tu inocencia

Tito's

Tito's

the neighborhood watering hole

has no name posted outside or in

and nobody in the one-room place

is ever named Tito

plus there are no posted hours

and much of the time

it's not open

nowhere are there fancy drinks

just cold *Medalla* beer

or local rum

or rum and the mixer on hand

often served not by a bartender

but by the customers themselves

who are almost always

not women

there's a TV

Lo de Tito

lo de Tito

el abrevadero del barrio

no tiene nombre ni dentro ni fuera

y nadie nunca en el bar de un solo cuarto

se llama Tito

y no tiene cartel con los horarios

y la mayor parte del tiempo

no está abierto

no hay tragos sofisticados

tan solo fría cerveza Medalla

o ron local

o ron con algún *mixer*

servido no por un camarero

sino por los mismos parroquianos

que casi nunca son

mujeres

hay una tele

but it gets no special stations

in fact only one channel

as long as the tin foil

stays on the antenna

and there's no air-conditioning

just a small fan

yet from all the nothings

a something

a skeleton of a bar

giving life to the evening

sin canales especiales

de hecho un solo canal

siempre y cuando el papel de aluminio

esté en la antena

y no hay aire acondicionado

solo un pequeño ventilador

pero a pesar de las carencias

algo

el esqueleto de un bar

dando vida a la noche

Conversation at Tito's Turns

conversation at Tito's turns

to how cold it can get

in the States

and of the six guys talking

only one has seen snow

so he tells the others about it

and how despite its cold

it can burn to the touch

and how it's okay to let it fall into your mouth

and how a certain kind of snow makes a good snowball

and another doesn't

then he recounts

how he was once dancing indoors

at a party in Boston

dance after dance after dance

and he didn't even break a sweat!

so you offer up

La conversación en lo de Tito gira

la conversación en lo de Tito gira

hacia lo frío que se puede poner

en los Estados Unidos

y de los seis tipos hablando

solo uno ha visto la nieve

para contarle a los otros

y cómo a pesar de lo fría

quema al tacto

y que se la puede dejar caer en la boca

y que solo un cierto tipo de nieve sirve para hacer bolas

y otros no

y luego cuenta

cómo una vez bailando adentro

en una fiesta en Boston

baile tras baile tras baile

¡sin sudar!

entonces tú compartes

the experience of having your hair freeze

on the walk to school

having showered on a winter morning

which drives some of your listeners

to hysterical laughter

one of them confessing

he simply cannot believe you

and your tall tales

la experiencia de que se te congela el pelo

yendo a la escuela

después de una ducha una mañana de invierno

lo que lleva a algunos de tus oyentes

a reír histéricamente

y uno de ellos confiesa

que simplemente no puede creerte

y tus cuentos chinos

Papo

Papo

Pipo

Pupo

Nino

Nano

Nono

Kico

Cuco

Maco

Tito

Tite

Ito

Tete

Yayo

Yeyo

Yiye

Yiyo

these are all grown men

Papo

Papo

Pipo

Pupo

Nino

Nano

Nono

Kico

Cuco

Maco

Tito

Tite

Ito

Tete

Yayo

Yeyo

Yiye

Yiyo

todos ellos hombres hechos y derechos

One February Day

one February day

a plastic do-dad for the phone

breaks in two

and the store that carries it

loses electricity and closes

and the babysitter who is supposed to start

changes her mind

and the hotel where your parents are to stay

has the reservation wrong

and your wife's exercise group

doesn't show up

and the bee exterminator

who finally does come to spray

manages to hit some towels and a toothbrush

still, when you call home to complain

all anybody wants to know

is how warm it is

Un día de febrero

un día de febrero

una pieza plástica del teléfono

se rompe en dos

y la tienda que tiene el repuesto

se queda sin electricidad y cierra

y la niñera que iba a empezar

cambia de idea

y el hotel donde tus padres deberían quedarse

se equivocó con la reserva

y el grupo de ejercicio de tu esposa

no aparece

y el exterminador de abejas

que finalmente vino a fumigar

se las arregla para fumigar las toallas y un cepillo de dientes

pero cuando llamas a tu casa para quejarte

todo lo que todos quieren saber

es cuánto calor hace

Your New Friend Gustavo

your new friend Gustavo

acts shocked

no, morally offended

when you tell him

toll baskets

where you live in the States

don't accept pennies

here he has *centavitos* galore

crowding the tray space

near the gearshift of his truck

awaiting their moment

for the $1.25 toll

deadpans Gustavo:

I'm brown

they're brown

and I'm telling you

it's discrimination.

Who do you think is on the chavito, anyway?

That's Lincoln, for God's sake!

Tu nuevo amigo Gustavo

tu nuevo amigo Gustavo

se sorprende

no, se ofende, realmente

cuando le dices

que en el peaje

donde tú vives en los Estados Unidos

no aceptan centavos

aquí él acumula centavitos

amontonados en la bandeja

al lado de la palanca de cambios del camión

esperando el momento

del peaje de $1.25

impertérrito, Gustavo:

Soy moreno

son morenos

y yo te digo

que es discriminación.

¿Quién está en el chavito, de todos modos?

¡Es Lincoln, por el amor de Dios!

Getting a Car

getting a car

Gustavo tells you

will be easy

he takes you

to the ramshackle roadside *taller*

of his mechanic, Juan

who shows you

a decrepit-looking Hyundai

and says in earnest:

Carro bueno.

Va a toda la isla

sin problema.

you can buy it now for $900

and when you leave Puerto Rico

he will buy it back for $500

and he will take responsibility

for minor repairs

Conseguir un carro

conseguir un carro

dice Gustavo

será fácil

te lleva

al taller destartalado en la ruta

de su mecánico, Juan

que te muestra

un Hyundai decrépito

y dice, serio:

Carro bueno.

Va a toda la isla

sin problema.

lo compras ahora por $900

y cuando te vayas de Puerto Rico

te lo compra por $500

y él se hace cargo

de las reparaciones menores

no papers

just a handshake

Gustavo swears by Juan

so you go ahead

seduced once again

by the romance

of minimalism

sin papeles

solo un apretón de manos

Gustavo jura por Juan

y te embalas

seducido una vez más

por el romance

del minimalismo

Usually With Pick-Up Soccer

usually with pick-up soccer

back home

among native Spanish speakers

you don't get the ball much

and when you do

you never seem to kick it

where or when or how

your teammates want you to

it's like you've

been asked to dance

to a Latin rhythm

but all you can summon

is a Sousa march

in your first game here, though

kicking it around in the park

with Gustavo's church friends

you're suddenly Maradona

and they're all you

Habitualmente en los picados de fútbol

habitualmente en los picados de fútbol

allá en tu tierra

entre hablantes de español

no ves mucho la pelota

y cuando la tienes

nunca pareces patearla

dónde o cuándo o cómo

tus compañeros quieren

es como si

te invitaran a bailar

un ritmo latino

pero todo lo que puedes hacer

es una marcha militar de Sousa

pero aquí, en tu primer picado

pateando en el parque

con los amigos de iglesia de Gustavo

tú eres de repente Maradona

y todos ellos son tú

You Count Ten or Eleven

you count ten or eleven

fast-food restaurants

on the outskirts of town

contemporary *conquistadores*

laying siege

to the commercial center

they don't call him

The Colonel

for nothing

Puedes contar diez u once

puedes contar diez u once

restaurantes de comida rápida

en las afueras del pueblo

conquistadores contemporáneos

sitiando

el centro commercial

por algo

lo llaman

El Coronel

Already Enough Fruit

already enough fruit

but then your wife returns

from the *finca*

of a new friend

frothing

about all the *toronjas*

papayas

mangos

guanábanas

she was encouraged to stuff

into the Hyundai

such a little island

so much life

Todavía hay fruta suficiente

todavía hay fruta suficiente

pero tu esposa regresa

de la finca

de una nueva amiga

suspirando

acerca de las toronjas

papayas

mangos

guanábanas

que le hicieron amontonar

dentro del Hyundai

una isla tan pequeña

y tanta vida

You Always Pay the Asking Price

you always pay the asking price

even when it's clear

you're supposed to haggle:

nine hundred for the car?

sounds great

five-fifty for the rent?

fine with you

whatever for the second-hand whatever?

whatever

you don't want to offend

and you don't want to cheat people

out of money they likely need

more than you

and you don't have a good grasp

of the going rates anyway

so you play the fiscal fool

Simple Simon on the sabbatical dime

thinking back on how easy

it was supposed to be

because they use the same currency down here

Siempre pagas lo que te piden

siempre pagas lo que te piden

aun cuando es claro

que debes regatear:

¿novecientos por el carro?

suena bien

¿quinientos cincuenta por la renta?

está bien

¿lo que sea por lo que sea de segunda mano?

lo que sea

no quieres ofender

y no quieres estafar a la gente

y sacarle dinero que parecen necesitar

más que tú

y además no sabes

cuánto cuestan las cosas de todos modos

entonces juegas al bobo fiscal

con las monedas de tu sabático

rememorando cuán fácil

supuestamente iba a ser

porque usan la misma moneda aquí

Alley Dog!

alley dog!

does your pitiable presence

indicate gross neglect?

hostility toward domestication

of the wild?

poor self-governance?

or are you the watchdog

of paradise

keeping invasive tourists at bay

by barking out

in a language they understand:

too raw and ragged

rough and tumble

just plain real

for the likes of you!

¡Perro callejero!

¡perro callejero!

tu presencia lastimera

¿indica negligencia?

¿hostilidad hacia la domesticación

de lo salvaje?

¿falta de autocontrol?

o eres el guardián

del paraíso

manteniendo a raya a los turistas invasores

ladrándoles

en un lenguaje que ellos entienden:

demasiado crudo y rotoso

rudo y violento

demasiado real

para los de tu calaña!

In the Megabookstore

in the megabookstore

in a huge modern mall

in the city of San Juan

it's embarrassing to feel

so at home

no more bare-bones Tito's

or lush fruit trees

little lizards

flying-in birds

alley dogs

no penetrating sun

just a slick commercial air-conditioned behemoth

that finds you willing and eager

to pay three dollars plus

in the land of fifty-cent coffee

En la megalibrería

en la megalibrería

de un moderno gran mall

en la ciudad de San Juan

te avergüenza sentirte

tan en casa

no más la simplicidad de lo de Tito

o lujuriosos árboles frutales

pequeños lagartos

pájaros intrusos

perros callejeros

sol penetrante

solo una bestia comercial aire acondicionada

que te encuentra dispuesto y deseoso

de pagar más de tres dólares

en la tierra del café de cincuenta centavos

How Differently

how differently

are the dead

housed here

no underground plots

with gray headstones

sweeping death

under the rug

just acres of bright white

miniature mausoleums

adorned in a rainbow

of artificial flora

riffling in the Caribbean breeze

awaiting their Wordsworth

Cuán diferente

cuán diferente

se hospeda a los muertos

aquí

no hay tumbas subterráneas

con lápidas grises

barriendo la muerte

bajo la alfombra

solo acres del blanco deslumbrante

de mausoleos en miniatura

adornados con arcoiris

de flores artificiales

ondeando en la brisa caribeña

esperando su Wordsworth

David G. Lott has been a professor of English at Montgomery College, Maryland, for twenty-five years. He is also an associate editor at *Potomac Review*. This is his first book.

Ángel T. Tuninetti is Chair of World Languages, Literatures and Linguistics at West Virginia University.

www.ingramcontent.com/pod-product-compliance
Lightning Source LLC
Chambersburg PA
CBHW021155090426
42740CB00008B/1104